BRISÉIS,

OU

LA COLERE D'ACHILLE,

TRAGEDIE,

Par le Citoyen POINSINET-SIVRY, ci-devant Membre de plusieurs Académies.

Représentée, pour la première fois, sur le Théâtre de la Comédie Française, le Lundi 25 Juin 1759.

Remise le Vendredi 11 Mai 1787, jouée à Versailles le 9 Mars 1789, et reprise au Théâtre-Français de l'Odéon, le Brumaire, an 7.

Muse, chante avec moi la colère d'Achille.
HOMÈRE, *Iliade, L. I.*

SEPTIEME EDITION,

Conforme à la représentation, avec les changemens faits par l'Auteur.

A PARIS,

Chez BARBA, Libraire, au Magasin des pièces de théâtre, au petit Dunkerque, près le Pont-Neuf.

AN SEPTIÈME.

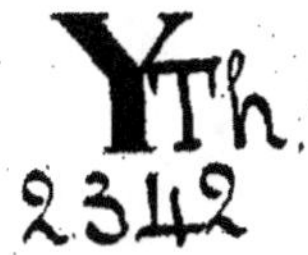

AVANT-PROPOS
DU LIBRAIRE.

J'avais acquis depuis long-tems le droit de réimprimer Briséïs ; j'attendais, pour user de ce droit, une occasion favorable : il ne pouvait pas s'en présenter une qui le fût davantage, que celle de la reprise de cette belle Tragédie.

Le lecteur ne sera pas fâché de trouver une courte notice historique sur cet ouvrage. Il fut représenté pour la première fois avec un grand succès, en 1759, et interrompu à la cinquième représentation, par un accident arrivé au célèbre Le Kain, qui se démit le pied, au quatrième acte. Cette pièce, toujours présente aux gens de goût, fut oubliée pendant trente ans par les comédiens privilégiés, qui ne se piquaient pas de procédés envers les gens de lettres. En vain, l'auteur, pendant ce long espace de tems, sollicita une reprise ; ce ne fut qu'en 1787, que ceux qu'on appelait Doubles, saisirent, au refus des premiers sujets, une occasion favorable de faire briller leurs talens dans une pièce dont ils sentirent le mérite. Le public les récompensa de leur zèle. Tous ceux qui jouèrent dans cette Tragédie, ou y commencèrent leur réputation, ou achevèrent de l'établir, ce sont à-peu-près les mêmes acteurs qui viennent de la faire reparaître sur le théâtre de l'Odéon, où on la voit toujours avec un nouveau plaisir. Le sort de Briséïs paraît fixé ; elle restera enfin au courant du répertoire, dont elle aurait dû toujours faire partie. Il est peu d'ouvrages modernes qui soient aussi dignes de cet honneur.

PERSONNAGES.	ARTISTES.
	Cns. et Cnes.
ACHILLE,	SAINT-PRIX.
BRISÉIS,	FLEURY.
PRIAM,	LACAVE.
BRISÈS,	NAUDET.
PATROCLE,	SAINT-FAL.
ULYSSE,	CHEVREUIL.
AJAX,	DORSAN.
ADRASTE,	FLORENCE.
EUPHANOR,	MARSY.
SUITE.	

La Scène est devant Troie, dans le camp d'Achille, séparé de celui des Grecs.

BRISÉÏS,

OU

LA COLÈRE D'ACHILLE,

TRAGEDIE.

ACTE PREMIER.

SCENE PREMIERE.

PATROCLE, ADRASTE.

PATROCLE.

Adraste, que dis-tu ? que viens-tu m'annoncer ?
Atride à cette honte aurait pu s'abaisser !

ADRASTE.

Les Dieux à votre ami réservaient cette gloire.

PATROCLE.

Ah ! dois-je le penser ?

ADRASTE.

Patrocle peut m'en croire.
J'ai vu le camp des Grecs, au désespoir livré,
Regretter le soutien dont il est séparé.
Nos soldats ranimant leur audace expirante,
Maudissaient de leurs chefs la querelle sanglante ;
Comptaient en frémissant les triomphes d'Hector,
Et tous ceux qu'à son bras le ciel réserve encor.
Ils s'armaient à regret d'un courage inutile,
Ou dédaignaient de vaincre en l'absence d'Achille.

Atride est effrayé de leurs cris menaçans;
Il demande une trève aux Troyens triomphans :
Il l'obtient; cependant sa politique habile
Veut réparer sa faute, et ramener Achille.

PATROCLE.

Adraste, il n'est plus tems. Demain Achille part :
Le fier Agamemnon s'est repenti trop tard.
Que dis-je ? de ce lieu tu connais l'importance;
Voisin des murs Troyens, il en fut la défense;
Calchas avait prédit qu'à moins de le forcer,
A surprendre Ilion il fallait renoncer :
Tu sais aussi combien de travaux, de carnage,
Nous coûta du terrain le sanglant avantage;
Ce fort, l'espoir des Grecs, et leur plus ferme appui,
Achille aux Phrygiens l'abandonne aujourd'hui.

ADRASTE.

Ciel! qu'entends-je!

PATROCLE.

Il fait plus; une paix solemnelle
D'Achille et des Troyens termine la querelle;
Et Priam, et lui-même, ardens à la jurer,
Aux portes d'Ilion ont dû se rencontrer.
Une commune haine en ce jour les rassemble;
Et dans ce même lieu tu vas les voir ensemble.

ADRASTE.

O ciel! quel est, seigneur, mon juste étonnement?
Je ne crois qu'à regret ce triste évènement.
Quel malheur en ce jour menace la patrie,
Si l'ami de Patrocle aux Phrygiens s'allie ?
Je vois Patrocle même avec eux conspirer ?

PATROCLE.

Ami, peux-tu le croire, et me le déclarer ?
Qui moi! que je renonce à l'amour de la Grèce!
Que je sois insensible au danger qui la presse!
Que, sans être arrêté par de secrets liens,
Je l'abandonne, Adraste, en faveur des Troyens ?
Va, ses maux m'ont touché, ma pitié les partage,
Et les succès d'Hector irritent mon courage.
Elevé près de toi sur les pas des héros,
Je languis à regret dans un obscur repos.

Ah! devais-je prévoir qu'une aveugle tendresse
Rendrait un jour Achille ennemi de la Grèce?
Funeste Briseïs, source de nos regrets,
Que de maux ont causé vos coupables attraits!
Pourquoi, Dieux irrités, qui détruisez la terre,
Livrez-vous à l'amour des cœurs faits pour la guerre?
Mais Achille et Priam s'avancent vers ces lieux.

ADRASTE.

Pourrez-vous contempler ces traités odieux?
Quel charme aura pour vous un entretien funeste?

PATROCLE.

Les Dieux le troubleront; c'est l'espoir qui me reste.
Demeurons.

SCENE II.

ACHILLE, PRIAM, PATROCLE, SUITE.

ACHILLE.

Puissant roi des peuples Phrygiens!
Compagnons généreux, Héros Thessaliens!
Vous, sujets de Priam, troupe illustre et captive!
Prêtez tous à ma voix une oreille attentive.
Avant que le soleil, sorti du sein des eaux,
Demain, loin d'un perfide ait vu fuir mes vaisseaux,
J'ai voulu de ce lieu lui ravir l'avantage.
J'abandonne à Priam ce prix de mon courage.
Reçois, roi des Troyens, ce gage glorieux
De l'amitié d'Achille, et du secours des Dieux.
Toi, Patrocle, des Grecs va trahir l'espérance;
Aux captifs Phrygiens porte la délivrance.

PATROCLE.

Sortons; je cède, Adraste, à ma juste douleur.

(*Il sort avec Adraste.*)

SCENE III.

ACHILLE, PRIAM, SUITE.

ACHILLE.

Reprends, triste Ilion, ton antique splendeur!
Puisse Hector des Troyens venger les funérailles,
Voir la Grèce expirante au pied de tes murailles;
Et la flamme à la main la cherchant sur les flots,
Renverser les remparts de Mycène et d'Argos!

PRIAM.

Achille! Achille! ô ciel! ne dois-je plus te craindre?
Ta fureur dans mon sang semblait vouloir s'éteindre:
Pour le répandre, hélas! tu traversas les mers:
Ta gloire et mes malheurs remplissent l'Univers.
Comment s'est pu calmer ta colère inhumaine?
Quel Dieu, superbe Achille, a désarmé ta haine?

ACHILLE.

Le destin l'a voulu; le destin dont les lois
Au milieu de leur cours suspendent mes exploits,
Et me font immoler, par un dépit funeste,
Aux Troyens ennemis, les Grecs que je déteste.
Ma haine la plus forte est mon guide aujourd'hui;
Ilion dut la craindre, et j'en deviens l'appui.
Ainsi, de mes travaux foulant aux pieds la gloire,
Et de la Grèce ingrate oubliant la mémoire,
De ma seule vengeance aveuglément épris;
Je veux la satisfaire; il n'importe à quel prix.
Par l'affront qui m'est fait, par ma haine inplacable,
J'en renouvelle ici le serment redoutable:
Je jure à cet autel, à la face des Dieux,
D'abandonner ces bords et les Grecs odieux,
Afin qu'Agamemnon, qui lâchement m'offense,
Quelque jour, mais trop tard, m'appelle à leur défense.
Seul je les sauvai tous; seul, je le puis encor.
Un jour, un jour viendra que la fureur d'Hector
Portera dans leurs rangs l'horreur et le carnage;
Mes yeux verront les Grecs fuyant sur ce rivage.

Les Grecs m'appelleront du bord du Simoïs;
Mais Achille irrité sera sourd à leurs cris.

PRIAM.

A nos communs affronts Jupiter s'intéresse,
Hector te vengera du crime de la Grèce.

SCENE IV.

ACHILLE, PRIAM, SUITE, EUPHANOR.

EUPHANOR, *à Achille.*

Seigneur, des Dieux enfin vos vœux sont écoutés :
Des Grecs en ce moment j'ai vu les députés;
J'ai vu le fier Ajax, et le prudent Ulysse.

PRIAM.

Ulysse! ô ciel! où suis-je! ô revers!

ACHILLE.

O justice!
Le croirai-je; grands Dieux! l'ai-je bien entendu?
L'orgueil d'Agamemnon serait-il confondu!
Atride! à la pitié me crois-tu si facile?
Par des soumissions crois-tu fléchir Achille?
C'est du sang qu'il fallait; et le tien eût coulé,
Si, rougissant mon bras, il ne l'eût point souillé.
Je puis, je puis du moins t'abandonner sans honte.
Ma vengeance, il est vrai, me semblera moins prompte.
Comme celle des Dieux elle marche à pas lents :
Mais j'aurai la douceur de la goûter long-tems...
Cette fière beauté dont j'adorais les charmes,
Que je n'ai pu quitter sans répandre des larmes,
N'offre plus à mon cœur qu'un don injurieux
Du plus lâche des Grecs et du plus odieux;
Qu'un affront à ma gloire, un objet de faiblesse.....
Dont Atride, peut-être, a surpris la tendresse!
Son prix ajoute même à mon ressentiment.
Sera-t-il dit qu'Achille ait pleuré vainement?
Non, non; bravons l'amour, et perdons sa mémoire.
Contentons à la fois et ma haine et ma gloire.

N'en doute point, Priam; je sécherai tes pleurs,
Je vengerai tes fils, qu'ont perdus mes fureurs.
D'un transport orgueilleux je ne puis me défendre;
Il faut le partager pour le pouvoir comprendre;
Ce jour va devenir le plus beau de mes jours:
Je veux de mes succès borner ici le cours.
De quelle joie, ô ciel! je vais goûter l'ivresse!
Je vais voir à mes pieds les héros de la Grèce;
Et, confondant l'espoir des peuples éperdus,
Je vais leur annoncer mes superbes refus.

PRIAM.

Va, cours, et garde-toi d'oublier ton offense.

SCENE V.

PRIAM, BRISÈS, SUITE.

PRIAM.

Ulysse va venir! que je crains sa présence!
Sans doute il vient remplir un sinistre dessein.
Inexorables Dieux! me flattez-vous en vain?
Pourquoi de vos faveurs corrompez-vous la source?
Que dis-je? quels traités font ici ma ressource!
Et ce bienfait du sort, qui me permet l'espoir,
De quelle main, grands Dieux! faut-il le recevoir?
Une main de mon sang encor toute fumante.
Sous qui j'ai vû tomber ma famille expirante!
Oui, ta clémence, Achille, irrite mes douleurs;
Quel dons peuvent jamais réparer tes fureurs!
Mais parmi les captifs qu'on promit de me rendre,
O ciel! par quel bonheur que je ne puis comprendre....
Mes yeux, me trompez-vous? ô Brisès!

BRISÈS.

O mon roi!
Souffrez qu'à vos genoux....

PRIAM.

O Brisès! est-ce toi?
Quel mélange inoui de douleur et de joie!
Quoi! Brisès, se peut-il qu'enfin je te revoie?

Objet de mes regrets, comment m'es-tu rendu?
Comment te retrouvai-je après t'avoir perdu?

BRISÈS.

Quand Lyrnesse, ô grand roi, vit triompher Achille,
Je défendais pour vous les murs de cette ville.
Achille sur nos tours plaça ses étendars,
Et, la flamme à la main, foudroya nos remparts.
Il volait; et la mort prévenait son passage;
J'attaquai ce vainqueur tout fumant de carnage.
Trois fois je repoussai son bras victorieux;
Mais qui peut résister contre Achille et les Dieux?
Je vins mordre à ses pieds la sanglante poussière;
Mes yeux long-tems fermés revirent la lumière....
Trop barbares destins, me la rendîtes-vous
Pour me faire éprouver de plus sensibles coups?
Je vis Lyrnesse entière en proie à mille flammes,
Les vainqueurs mettre aux fers nos enfans et nos femmes,
Nos murs réduits en cendre; et le fils de Thétis
A mes yeux éperdus enlever Briséïs.

PRIAM.

Ta fille!

BRISÈS.

Elle, seigneur.... Ah! dois-je encor me taire?

PRIAM.

Que dis-tu? Briséïs....

BRISÈS.

Je n'étais point son père.
De ses jours malheureux un autre était l'auteur.

PRIAM.

O ciel! par quel destin?....

BRISÈS.

Apprenez tout, seigneur.
Sans doute il vous souvient de cette Hippodamie....

PRIAM.

Cette fille, en naissant que le sort m'a ravie?
Eh! pourrais-je, Brisès, ne me souvenir pas
Des larmes qu'à son père a coûté son trépas?
Hélas! un sort fatal a proscrit ma famille.
Le ciel dans son courroux, s'expliqua sur ma fille.

Un oracle secret prédit, dès son berceau,
Qu'Hector par elle un jour descendrait au tombeau.
Je redoutais ces mots, quand la mort moins sévère,
Hélas! presqu'en naissant, la ravit à son père;
Trahit mes tendres soins, et trahit même encor
Cet oracle des Dieux prononcé contre Hector.

BRISÈS.

Vous vous trompiez, seigneur, et la reine elle-même.
Cet enfant voit le jour.

PRIAM.

Qu'entends-je! ô trouble extrême!

BRISÈS.

Votre fille respire....

PRIAM.

Achève. Justes cieux!
Quoi! cette Hippodamie....

BRISÈS.

Est Briséïs.

BRISÈS.

Grands Dieux!

PRIAM.

Oui, c'est elle qu'Achille enleva dans Lyrnesse;
C'est elle que vingt ans pleura votre tendresse.
Sachez par quel destin votre fille, ô mon roi!
Du vainqueur de Lyrnesse a pu subir la loi:
Votre épouse, d'Hector mère faible et sensible,
Voulut tromper du ciel la menace terrible;
M'ordonna d'exposer cet enfant malheureux,
Victime de sa crainte et d'un sort rigoureux.
Mais moi, plus faible, hélas! et touché de tendresse,
J'osai secrètement la conduire à Lyrnesse.
Elle a porté depuis le nom de Briséïs:
C'est sous ce nom, seigneur, que le fils de Thétis
Fit passer dans les fers la triste Hippodamie.
Mais soudain son amour égala sa furie.
Cette ardeur éclata, lorsqu'Atride en courroux
Enleva votre fille à son vainqueur jaloux.
Achille furieux n'écouta que sa rage;
Il s'éloigna des Grecs après un tel outrage.

Pour laver cet affront, mit sa gloire en danger,
Et trahit sa querelle afin de la venger.
Briséis cependant ignore sa naissance;
Elle croit qu'en ces lieux, séjour de son enfance,
Par un Grec fugitif exposée au berceau,
Je daignai de ses jours rallumer le flambeau.
Pour mieux d'un triste oracle écarter la menace,
Je crus devoir, seigneur, lui cacher sa disgrace.
Elle est loin de penser que d'Hécube autrefois
Ilion la vit naitre au palais de ses rois;
Et que l'illustre éclat du sang dont elle est née,
L'avait presqu'en naissant, à périr condamnée.
Elle croit, dans l'erreur qui flatte son amour,
Que d'un Grec, dans Argos, elle a reçu le jour.

PRIAM.

Je sens, à chaque mot, un tendre et doux murmure
Réveiller dans mon cœur la voix de la nature.
Ma fille! la douleur de ne plus te revoir
Fait passer dans mon ame un affreux désespoir.
Mais que dis-je? le ciel, en ce moment terrible,
Dans mon cœur agité porte un présage horrible:
Il me dit que mes yeux te reverront encor;
Mais hélas! ce bonheur va me coûter Hector.
Le lâche Agamemnon, généreux par faiblesse,
A son fier ennemi va rendre la princesse.
Ma fille va bientôt l'exciter aux combats.
Elle trahit son sang, qu'elle ne connaît pas!
Et si ce jour pour nous ne produit un miracle,
Brisès! voici l'instant annoncé par l'oracle.
Que résoudre... Ah! comment prévenir Briséïs?
Dieux! rendez-moi ma fille, et conservez mon fils!

FIN DU PREMIER ACTE.

ACTE II.

SCENE PREMIERE.

PATROCLE, ULYSSE, AJAX.

ULYSSE, *à Patrocle.*

Achille est irrité, vous pouvez tout sur lui;
La Grèce attend de vous un généreux appui.
Que peut vous refuser un Héros qui vous aime?

PATROCLE.

Croyez pour vous servir que mon zèle est extrême.
Si l'on m'a vu d'Achille accompagner les pas,
C'était, n'en doutez point, pour le rendre aux combats.
Votre intérêt rendit ma fuite nécessaire,
Il fallait d'un ami désarmer la colère.
Pour fléchir sa rigueur que n'ai-je point tenté?
Prière, instances, pleurs, il a tout rejeté?
Cependant j'ose encor former quelque espérance.
Oui, j'attends tout du Ciel, et de votre assistance.
Achille va bientôt se montrer à vos yeux.

(*Il sort.*)

SCENE II.

ULYSSE, AJAX.

AJAX.

Prévenons d'un refus l'éclat injurieux.
Eh! ne voyez-vous pas l'affront qu'on nous prépare?
Nous venons implorer la pitié d'un barbare.
Qui, moi? j'irais d'Achille essuyer les refus?
Non. Retournons au camp; soyons plutôt vaincus.

ULYSSE.

Oubliez-vous ainsi l'intérêt de la Grèce?

AJAX.

Ne puis-je la servir que par une faiblesse?

Nous conviendrait-il bien de descendre si bas ?
Et vous-même avec moi n'en rougiriez-vous pas ?

ULYSSE.

Ramenons à la Grèce un Héros indocile ;
Rendons-nous immortels, en fléchissant Achille.
Achille d'Ilion avançant les destins,
Va dans un champ d'exploits vous ouvrir les chemins.
Je crois déjà vous voir au sentier de la gloire,
Suivre d'un pas égal sa rapide victoire.

AJAX.

Ulysse, ah ! si le sort, de mes lauriers jaloux,
Ne m'eût point envié l'honneur des premiers coups,
On ne me verrait pas, pour remplir ma carrière,
Attendre qu'un rival vînt m'ouvrir la barrière.
Mais puisqu'ainsi le veut la fortune, ou Calchas,
Consentons d'implorer l'appui d'un autre bras.
Faut-il vaincre à ce prix ? je veux encor vous croire.

ULYSSE.

Nul chemin n'est honteux quand il mène à la gloire.

AJAX.

Mais me répondez-vous, Ulysse, du succès ?

ULYSSE.

Instruit de mon projet, comptez sur les effets.
Un des guerriers d'Achille, à la Grèce infidèle,
M'a cette nuit, Ajax, secouru de son zèle.
Ce Grec, pour me servir abusant tous les yeux,
A conduit en secret Briseïs en ces lieux.
Ignorez le dessein que je vous fais connaître :
Quand il en sera tems je la ferai paraître.
Ses regards vont produire un heureux changement ;
Ils n'épargneront rien pour fléchir un amant.
Achille par ce charme est facile à surprendre ;
Briseïs fera plus qu'Ajax n'en ose attendre.

AJAX.

Briséïs ! une esclave !... Ah ! faut-il que ses yeux
Décident du destin d'un Peuple glorieux ?

ULYSSE.

De cette Briseïs connaissez le génie.
Les fers qu'elle a portés ne l'ont point asservie :

C'est dans ces mêmes fers, et dans l'adversité
Qu'elle a fait éclater une mâle fierté.
Cessez de voir en elle une Esclave vulgaire;
Les plus nobles vertus forment son caractère.
J'ai su l'environner des oracles trompeurs
Dont Calchas à mon gré sème ici les erreurs;
Et j'ai vu dans son cœur s'accroître avec ivresse,
Le desir de la gloire, et l'amour de la Grèce.
Vous le dirai-je enfin? l'altière Briséïs
Voudrait voir ses destins à ceux d'Achille unis...
Mais on entre. C'est lui; secondez ma prudence,
Et forçons, s'il se peut, ce tigre à la clémence.

SCENE III.

ULYSSE, AJAX, ACHILLE.

ACHILLE.

Amis, qui vous amène au pied de ces remparts?
Quel sujet, quel dessein vous offre à mes regards?
Etes-vous en ces lieux par les ordres d'Atride?
Que vous a commandé cet ennemi perfide?
Venez-vous de sa part, une seconde fois,
M'enlever dans mon camp le prix de mes exploits?

ULYSSE.

Nous venons pour ce Roi désarmer ta vengeance.
Connais l'excès des maux qu'a produits ton absence!
Le sort te venge, Achille! et tu vois aujourd'hui
Les princes de la Grèce implorer ton appui.

ACHILLE.

Cet honneur, je l'avoue, a droit de me surprendre,
Jamais le sort si bas ne vous eût fait descendre,
Si la Grèce assemblée avoit élu pour Roi,
Au lieu d'Agamemnon, Patrocle, Ajax, ou moi.

ULYSSE.

Ainsi donc ton courroux fomenté par l'absence,
Toujours d'Agamemnon te retrace l'offense!
Mais quelle offense; enfin? tu l'osas outrager;
Il se devait justice...

ACHILLE.

Et j'ai dû me venger.

Quoi? j'aurai soutenu le fardeau de la guerre,
Du bruit de mes exploits j'aurai rempli la terre;
Afin qu'un ravisseur, par un ordre odieux,
Du fruit de mes travaux me dépouille à mes yeux!
Atride éprouve enfin les malheurs qu'il dut craindre.
Il a voulu se perdre! est-ce à moi de le plaindre?
Non, non. Suivons le cours de notre inimitié;
Qu'il n'attende de moi ni secours, ni pitié.
Il n'écoute, il ne suit qu'une aveugle furie;
Portez-lui mes refus : et s'il voit sa Patrie
Expirer sans défense aux remparts Phrygiens,
Qu'il n'accuse que lui de vos maux et des siens.

ULYSSE.

Oses-tu t'applaudir de notre ignominie?
Ta honte à nos malheurs n'est-elle pas unie?
Peux-tu bénir le Ciel qui s'arme contre nous;
Et ne rougis-tu pas lorsqu'il sert ton courroux?

ACHILLE.

Achille en rougirait, s'il avait, par faiblesse,
Remis aux immortels sa fureur vengeresse;
Ou si le ciel, trop lent à servir ses transports,
N'eût fait, pour le venger que d'impuissans efforts.

ULYSSE.

Garde-toi d'abuser du succès qu'il te donne :
A l'exemple des Dieux, le vrai héros pardonne.
La vengeance souvent nous mène au repentir;
Il est doux d'y penser, dangereux d'en jouir.
Vois ce roi si superbe, Agamemnon lui-même,
Descendre, après dix ans, de sa grandeur suprême,
Contraint à redouter la honte ou le trépas,
Et d'implorer enfin le secours de ton bras.
Qui l'eût dit qu'un héros si grand par sa naissance,
Que le chef de vingt rois, si fier de sa puissance,
Et qui de tous les Grecs osa seul t'offenser,
Jusques à la prière un jour pût s'abaisser?

ACHILLE.

En vain à l'excuser ta prudence s'applique :
Va, je connais sa haine; et mieux, sa politique.
J'entrevois sa fierté dans sa soumission;
Il fait ce sacrifice à son ambition.

Les autels sont fumans du sang de sa famille ;
A ce Dieu dans l'Aulide il immola sa fille.

ULYSSE.

Que lui reproches-tu ? quel crime a-t-il commis ?
N'accuse point Atride ; il aima son pays.
C'est lui, c'est par ma voix la Grèce qui t'implore :
« Achille, te dit-elle, eh ! qui t'arrête encore ?
» Quoi ? cet amour de gloire est-il donc étouffé ?
» Hector, en ton absence, Hector a triomphé.
» Troie insulte à Cassandre, et Pâris qui t'affronte,
» Impute à ta frayeur ta retraite et ma honte.
» La mort vient dans mon camp moissonner mes héros ;
» Et ton bras cependant languit dans le repos.
» Accours, vole, mon fils ! mets Ilion en cendre ;
» Viens venger ta patrie, ou du moins la défendre ! »
Tu détournes les yeux !... au nom de Briséïs !

ACHILLE.

Quittons cet entretien.

AJAX.

Ah ! c'est trop de mépris.
Retournons vers l'armée ; éloignons-nous, Ulysse ;
C'est trop attendre ici que sa fierté fléchisse.
Sans plus presser Achille, et sans l'implorer plus,
De ce jeune orgueilleux annonçons le refus.
Il n'en rougira point ; son implacable rage
S'applaudit de nos maux ; il y voit son ouvrage.
Achille est né féroce ; il n'a jamais changé.
On veut le satisfaire ; il veut être vengé.
Qu'attends-tu donc, cruel ! qu'est-ce que tu regrettes ?
Quoi ? tes fureurs encor ne sont point satisfaites ?
Ni la Grèce expirante aux rivages des Troyens,
Ni les exploits d'Hector qui surpassent les tiens,
Rien ne peut assouvir ta barbare furie !
Puisque tu mets ta gloire à trahir ta patrie,
Adieu ! c'est trop tarder. Garde ta haine ; et croi
Qu'Ajax saura mourir ou triompher sans toi.

SCENE IV.

ACHILLE, ULYSSE.

ACHILLE.

Ah! c'est ainsi du moins que j'aime qu'on me prie;
Et non que l'on s'abaisse, et non qu'on s'humilie.
Ulysse! qu'attends-tu? que ne suis-tu ses pas?
Peux-tu laisser Ajax aller seul aux combats?

ULYSSE.

Ajax n'ira pas seul; j'y serai... mais écoute;
Il faut parler, Achille, et m'éclaircir un doute.
Cette beauté qui seule irrita ton courroux,
Et que tu veux venger sur Atride et sur nous,
Briséis...

ACHILLE.

Briséïs.....

ULYSSE.

Quel souvenir te blesse?
Ne serait-elle plus l'objet de ta tendresse?
Quel est le terme enfin d'un désespoir fatal?
Prétends-tu la laisser aux mains de ton rival?
Tu te troubles, cruel!

ACHILLE.

Ah! dangereux Ulysse!
Quel fruit espères-tu d'un indigne artifice?
Attaque-moi du moins avec plus de grandeur.

ULYSSE.

Oui; mes traits les plus sûrs sont au fond de ton cœur.
Nous voulions te fléchir sans obscurcir ta gloire;
Ta défaite eût paru la plus belle victoire;
Et la Grèce aurait mis au rang des plus grands jours
Celui qui t'aurait vu voler à son secours.
Mais tu veux qu'indignés du vengeur qui nous brave,
Nous devions en ce jour Achille à son Esclave!
Tu soupires, barbare, et tu baisses les yeux.
Va, je veux te punir et te confondre mieux.

Amant de Briséis ! l'instant fatal arrive
Où ces lieux vont te voir aux pieds de ta captive.
Ton trouble te trahit ; je l'ai vu, C'est assez.

ACHILLE.

Quelle honte ! ah ! plutôt....

ULYSSE.

Briséis, paraissez !

SCENE V.

ACHILLE, ULYSSE, BRISÉIS.

ACHILLE.

Qu'entends-je ? je frémis. Ah ! rigoureux supplice !
Que vois-je ? Briséis !

ULYSSE, *à part.*

Suivons notre artifice.

ACHILLE.

O revers ! ô bonheur que je n'ai point prévus !
O tendresse ! ô fureur..... je ne me connais plus !

BRISÉIS.

Seigneur.

ACHILLE.

Quel parti prendre en ce moment funeste ?
Fuyons.

BRISÉIS.

Vous ? me quitter ?

ACHILLE.

C'est le seul qui me reste.

(*Il sort.*)

SCENE VI.

BRISÉIS, ULYSSE.

BRISÉIS.

Il fuit ! de mes attraits tel est donc le pouvoir ?
O trop sensible affront que j'aurais dû prévoir !
A cette honte, ô Ciel ! comment puis-je survivre ?

ULYSSE.

La victoire est à vous, si vous daignez la suivre.

Son

Son trouble, ses combats, sa fuite, tout enfin
Prouve qu'il vous adore, et qu'il s'échappe en vain.
Achille soupirait...... ah! croyez......

BRISEIS.

Mais vous-même,
Vous l'avez vu, Seigneur; il me fuit!

ULYSSE.

Il vous aime,
Il craint de succomber en voyant tant d'appas:
Vous craindrait-il enfin, s'il ne vous aimait pas?
Montrez-vous, triomphez du courroux qui l'enflamme.

BRISEIS.

Non, non, je connais trop la fierté de son ame.
La vengeance est son Dieu; lui seul est écouté!

ULYSSE.

Eh! connaissez-vous moins le prix de la beauté?
Est-ce à vous d'ignorer son empire et ses charmes?
Quel âge a mieux prouvé le pouvoir de ses armes?
Où n'ont point pénétré ses triomphes divers?
Un seul regard d'Hélène a troublé l'Univers.
Mais ce que n'a point fait cette Hélène si belle,
Et ce qui rend surtout votre gloire immortelle,
Vous-même oubliez-vous que vos yeux ont soumis
Le fils d'Atrée ensemble et celui de Thétis?
Poursuivez; couronnez cette double conquête;
Et goûtez la douceur que ce jour vous apprête,
De voir deux demi-Dieux de vous plaire jaloux,
Et par vous désunis, et réunis par vous.

BRISEIS.

Eh bien! à vos conseils je m'abandonne encore:
Fléchissons ce cruel qui craint qu'on ne l'implore;
A ce fier ennemi courons nous faire voir,
Et de mes yeux encore essayons le pouvoir.

ULYSSE.

Le succès vous attend; faites parler la gloire.
Aux yeux de votre amant présentez la victoire;
Echauffez, ranimez par vos nobles discours,
Cette ardeur des combats suspendue en son cours.
Que d'exploits les suivront! ils seront votre ouvrage.
Aux flambeaux de l'Amour allumez son courage.

C'est à vous, Briséïs, de contraindre son bras,
A venger sur ces bords l'affront de Ménélas.
Que l'Europe par vous triomphe de l'Asie.
De l'aurore au couchant, que l'Univers s'écrie:
« Achille allait languir dans un honteux repos;
» Il aima Briséïs: elle en fit un Héros ».

FIN DU SECOND ACTE.

ACTE III.

SCENE PREMIERE.

PRIAM, *seul.*

Ou courir? où porter ma douleur et mon trouble?
Mon espoir se détruit, et ma crainte redouble.
O chère Hippodamie! O triste sœur d'Hector!
Tendre objet de mes pleurs, te reverrai-je encor?
Brisès m'avait promis...... espérance fragile!
Brisès ne revient point. Dieux, j'apperçois Achille!
Que va-t-il m'annoncer?

SCENE II.

PRIAM, ACHILLE.

ACHILLE.

Le sort prouve en ce jour
Sa haine pour Atride, et pour nous son amour.
C'est en vain qu'à mes pieds j'ai vu tomber la Grèce;
Je la livre avec joie au péril qui la presse.
L'espoir qui la flattait ne doit plus t'alarmer;
J'ai prévu tes terreurs, et je viens les calmer.

Achille quitte enfin le rivage de Troie,
Et les Grecs de ton fils vont tous être la proie.

PRIAM.

Ulysse! ainsi des Dieux triomphent les décrets!
Leur prudence immortelle a trompé tes projets.
Destins, qui confondez les ruses du perfide,
Daignez au gré d'Achille humilier Atride!
Et puisqu'un doux espoir aujourd'hui m'est rendu,
Dieux puissans! rendez-moi..... tout ce que j'ai perdu!

ACHILLE.

Je pars; qu'aucun effroi ne trouble plus ton ame.

(*Priam se retire.*)

SCENE III.

ACHILLE, *seul.*

Je puis donc assouvir le courroux qui m'enflamme.
Je vais aux yeux des Grecs confus, désespérés,
Monter sur mes vaisseaux déjà tout préparés;
Tandis que le Troyen va, de carnage avide,
Fondre, la foudre en main, sur les Guerriers d'Atride.
Superbe Agamemnon, sous qui tremblent vingt Rois!
Sur ces bords désolés, qui défendra tes droits?
Comment de ces combats soutiendras-tu l'image?
Ton courage se borne à flétrir le courage,
A vaincre sans péril, à régner sans honneur,
A dérober aux Grecs le prix de la valeur.
Pleure, pleure à loisir ta fatale imprudence.
Hector! à mes fureurs égale ta vengeance.
Fais tomber à tes pieds ce fier tyran d'Argos.
Partons: qu'il juge enfin de moi par mon repos.
Que ma fuite l'accable, et lui fasse comprendre
Que celui qu'il bravait pouvait seul le défendre.
Contentons cependant mes desirs les plus doux;
Emmenons Briséïs.

SCENE IV.

ACHILLE, BRISÉIS, ULYSSE.

ULYSSE, *à Briséis.*

Fléchissez son courroux.
De vous seule dépend le salut de la Grèce.
Tout est perdu s'il part.

BRISEIS.

Il suffit. Le tems presse!
Allez d'Achille aux Grecs annoncer le retour.

SCENE V.

ACHILLE, BRISÉIS.

ACHILLE.

O Ciel! que dites-vous?

BRISEIS.

Ai-je encor votre amour?
Vous suis-je chère, Achille?

ACHILLE.

Ah! si je vous adore?
Atride! espères-tu me la ravir encore!
Que plutôt, à ses yeux, de tes perfides jours,
Ce fer, ce fer vengeur tranche l'indigne cours!

BRISEIS.

Que parlez-vous d'Atride? oubliez son injure.
Quand je vous suis rendue, étouffez ce murmure.
Achille me revoit; qu'a-t-il à regretter?
Sont-ce là les transports qu'il doit faire éclater.

ACHILLE.

Oui, Madame. Je cède au dépit qui m'entraîne.
Ainsi que mon amour, je sens croître ma haine;
Et l'affront trop sensible à mon cœur outragé....

BRISEIS.

C'est dans le sang Troyen qu'il doit être vengé.

Armez-vous. Descendez aux rives du Scamandre ;
Venez braver les Grecs dans Ilion en cendre.
Que ce grand jour apprenne à vos fiers ennemis
Tout ce que peut Achille, aimé de Briséïs.
Hector en votre absence usurpe votre gloire :
De ses bras tout sanglans arrachez la victoire :
Qu'au bruit de vos exploits, moins vengé que jaloux,
Atride, en frémissant, applaudisse à vos coups.
Venez.

ACHILLE.

Il n'est plus tems, j'ai donné ma parole.
Je dois même aujourd'hui l'accomplir, et j'y vole.
Il faut partir, Madame, et remplir mes sermens.
Tout m'appelle à Larysse, et mon père et les vents.
J'ai remis à Priam ce fort dont j'étais maître :
Achille à ses regards ne doit plus reparaître.
Je viens en ce moment de lui jurer encor
De livrer tous les Grecs à la fureur d'Hector.
Déjà de mes vaisseaux la voile se déploie.
Déjà les matelots poussent des cris de joie ;
Allons ; et de ces bords éloignés à jamais,
De la perfide Grèce emportons les regrets.

BRISEIS.

Moi ? Seigneur ! qu'écoutant un sentiment servile,
Je trahisse la gloire et l'intérêt d'Achille !
Que je vous abandonne à ce repos honteux !

ACHILLE.

Ce repos fait ma gloire ; il nous venge tous deux.
Par lui d'Agamemnon la ruine est certaine ;
Si vous aimez Achille, il faut servir sa haine.
En faveur d'un rival, vous armeriez son bras !
Partons. Qu'attendez-vous ?

BRISEIS.

Non ; ne l'espérez pas......

(*Elle apperçoit Patrocle.*)

SCENE VI.

ACHILLE, BRISÉIS, PATROCLE.

BRISEIS, *à Patrocle.*

Seigneur, c'est donc à vous qu'il faut que je m'adresse.
Souffrirez-vous qu'Achille abandonne la Grèce?
Ne l'aurez-vous suivi sur ces bords étrangers,
Que pour mettre ses jours à l'abri des dangers?
Jusqu'à quand verra-t-on, dans cette honte extrême,
Dégénérer Achille, et Patrocle lui-même?
C'est en vain qu'on vous place au nombre des Héros;
Ce grand titre n'est dû qu'aux illustres travaux.
Ramenez à la Grèce Achille et la victoire;
Fléchissez un ami; retracez-lui sa gloire.
Faites sur les Troyens retomber son courroux:
Voilà, Seigneur, voilà des traits dignes de vous.

PATROCLE.

Achille! tu l'entends; quoi? ton ame insensible
Résiste à cette atteinte, et demeure inflexible?
Ton barbare courroux veut braver tour à tour
La Grèce qui t'implore, et la Gloire et l'Amour!
Rougis, rougis, cruel! de ta fierté sauvage;
Tourne contre Ilion ce superbe courage.
Toujours un vain dépit sera-il écouté?....
Non. Ton cœur n'est point fait pour tant de cruauté.
Tu n'as point oublié que se vaincre soi-même
Est le plus noble effort de la vertu suprême.
Elle t'inspire, ami! cède à son mouvement.

ACHILLE.

Ote-moi donc ma haine et mon ressentiment.
Efface, s'il se peut, de mon ame blessée,
L'affront toujours présent à ma triste pensée.
Abolissez tous deux l'outrage et le mépris
Qui, de mes longs travaux, furent l'indigne prix.
Eh! comment oublier ma honteuse disgrace,
Et d'Atride en courroux l'insupportable audace?.....
Mais quand je l'oublierais, vingt Rois en sont témoins....
Les Grecs qui l'ont souffert s'en souviendraient-ils moins?

De mon horreur pour eux n'accusez que vous-même.
Je les hais, Briséïs, puisqu'enfin je vous aime,
Et puisqu'ils ont permis que leur chef odieux
Me privât du trésor le plus cher à mes yeux.

BRISEIS.

Mettez cet attentat au rang des plus grands crimes;
Mais pardonnez aux Grecs; ils en sont les victimes.
Le ciel les a punis; Hector vous venge assez;
Quels crimes par le sang ne sont point effacés?

PATROCLE.

Non. L'affront qu'ils t'ont fait mérite ta colère.
Il est d'autant plus grand, que Briséïs t'est chère.
L'effort de les servir après qu'ils t'ont trahi,
Est pénible sans doute, et peut-être inouï.
Mais enfin la Patrie à son secours t'appelle;
Ton devoir, en tout tems, est de t'armer pour elle.
L'honneur et la vertu t'en imposent la loi;
Si l'effort est sublime, il est digne de toi.
Consulte bien ton cœur, consulte ta tendresse;
Tout, jusqu'à ton amour, te ramène à la Grèce.
Tout te dit de chérir, de venger ton pays.
Pour apprendre à l'aimer, contemple Briséïs.
Dès l'enfance exposée aux rives étrangères,
C'est peu qu'elle ignorât jusqu'au nom de ses pères;
Argos de ses vaisseaux couvre bientôt les mers,
L'assiège dans Lyrnesse, et lui donne des fers.
A nos seuls intérêts Briséïs dévouée,
Chérit pourtant ces Grecs qui l'ont désavouée.
Malgré son infortune, et l'injure du sort,
Le zèle qui l'anime est toujours le plus fort.
Fidelle à sa Patrie, il lui suffit pour l'être,
De savoir qu'elle est Grecque, et qu'Argos l'a vu naître.
Tant ces droits sont puissans! et tant on doit d'amour
Aux climats quels qu'ils soient, où l'on reçut le jour!
Tout ton cœur s'est ému! ce reproche te blesse!...
Oui, ton ame est sensible aux dangers de la Grèce.
La gloire t'a parlé; tu reconnais sa voix.
Ton courage t'appelle à de nouveaux exploits.
Est-il vrai? le sens-tu ce regret magnanime,
Ce remords des héros, cette honte sublime?

Quel nouveaux sentimens t'animent aujourd'hui?
Achille enfin, Achille est-il digne de lui?

ACHILLE.

Patrocle! Briséïs! ami! gloire! tendresse!
Qu'attendez-vous de moi?

PATROCLE.

Le salut de la Grèce.

BRISEIS.

Au nom de votre amour!

PATROCLE.

Au nom de l'amitié!
Ouvre ton cœur, Achille, aux traits de la pitié!

ACHILLE.

Non Ne me parle point de secourir Atride.
Ma bouche a fait serment, même aux yeux du perfide,
Que jamais contre Hector Mars n'armerait mon bras,
Que Hector au dernier Grec n'eût donné le trépas.
Tu sais à quels devoirs un serment nous engage.

PATROCLE.

Périsse ton serment! périsse ton outrage!
Veux-tu me voir, cruel! embrasser tes genoux?
Eh bien! c'est à tes pieds....

BRISEIS.

Seigneur! que faites-vous?
N'espérez plus fléchir ce courage indocile;
Cessez d'humilier la Grèce aux pieds d'Achille.
Un tel abaissement sied mal à vos pareils....
Mais quoi? ne savez-vous que donner des conseils?
Puisque l'ame d'Achille à sa haine fidelle,
Ainsi qu'à ma prière, à la vôtre est rebelle,
Que tardez-vous encore? allez dans les combats
Vous couvrir de lauriers qu'eût moissonnés son bras.
Remplissez la carrière à vos yeux présentée;
Et ne faites plus dire à la Grèce irritée:
« Le compagnon d'Achille était né sans vertu,
» Et peut-être sans lui n'eût jamais combattu. »

PATROCLE.

Oui. J'ai mérité cet odieux murmure.
Il faut, il faut dans Troie en effacer l'injure.

Dieux! où suis-je? en effet n'est-il pas tems d'agir?
Sortons du vil repos dont j'eus trop à rougir.
Lorsque la terre au loin frémit au bruit des armes,
Quel indigne loisir aurait pour moi des charmes?
Vengeons les Grecs, vengeons leur courage abattu.
Pour la dernière fois, Achille!.... me suis-tu?

ACHILLE.

Eh! quoi? pour des ingrats dont le nom seul m'offense,
Tu peux m'abandonner et trahir ma vengeance!
Dans ma querelle, ami, j'espérais mieux de toi.
Quoi? tout, jusqu'à Patrocle, est-il donc contre moi?
N'était-ce pas assez, Briséis, de vos charmes?
Ah! cessez dans mon cœur de vous chercher des armes?
Qu'exigez-vous d'Achille, et que prétendez-vous?
Est-ce à vous de vouloir appaiser mon courroux?
Eh! pour qui de vingt rois ai-je cherché la haine?
Loin de ces bords enfin quel intérêt m'entraine?
Faut-il donc que les Grecs vous deviennent plus chers,
Quand je veux vous venger de leurs indignes fers?
Cessez en leur faveur une plainte inutile;
Montrez-vous désormais la compagne d'Achille.
D'un rival que j'abhorre, et qui m'a pu trahir,
Ne vous ressouvenez que pour le mieux haïr.
Je vous offre ma main. D'un pompeux hyménée
Je veux sur mes vaisseaux consacrer la journée,
Et du crime d'Atride attestant tous les Dieux,
Vous couronner, madame, et partir à ses yeux.

BRISEIS.

Partez, mais loin de moi. Courez en Thessalie
Oublier les lauriers qui croissent en Phrygie.
Briséis aujourd'hui ne prétend point s'unir
A vos destins, seigneur, afin de les ternir.
Périssent ces beautés aux empires fatales,
Qui des nobles vertus indignement rivales,
Plongent les jours des rois dans l'oubli flétrissant,
Et n'osent s'illustrer qu'en les avilissant.
Reprenez tous les dons que vous vouliez me faire.
Pensiez-vous qu'à ce prix un trône pût me plaire?
Que m'importe ce sceptre, et mille autres encor?
J'aimais Achille seul, et le vainqueur d'Hector.

Puisque vous renoncez à cette gloire insigne,
Sans doute qu'en effet vous n'en êtes plus digne.
Allez loin des périls honteusement régner ;
Mais ne me pressez plus de vous accompagner.
Ne me contraignez pas de partager sans cesse
L'affront de votre fuite et de votre faiblesse.
Non, je ne vous suivrais que pour vous reprocher
La honte et le repos que vous allez chercher.
Partez, abandonnez Briséis et la gloire ;
Retournez à Larysse, et perdez ma mémoire.
Ulysse et Diomède, Ajax et Mérion,
S'illustreront sans vous sous les murs d'Ilion.

ACHILLE.

Patrocle! où sommes-nous ? que venons-nous d'entendre ?
Ah! de vous adorer qui pourrait se défendre ?
Par quel charme nouveau je me sens attirer !
C'est peu de vous chérir, il faut vous admirer.
Atride! mon courroux s'accroît par cette estime.
Ce n'est que d'aujourd'hui que je sens tout ton crime.
Ta politique en vain crut triompher de moi ;
Tu me livres ici des armes contre toi.
Et toi, cruel ami, qui déchires mon ame!
Rends-toi; viens seconder le desir qui m'enflamme.
Viens; je prétends qu'heureux entre tous les mortels,
Achille de tes mains la reçoive aux autels;
Et qu'à tes yeux, la foi que ma bouche lui jure,
Couronne dans Larysse une vertu si pure.

PATROCLE.

Non, non. C'est aux remparts que je prétends aller.
L'honneur, l'honneur m'appelle, et m'y verra voler.
Achille! trop long-tems j'ai servi ta colère;
J'ai partagé l'affront qu'Atride osa te faire ;
De son camp, comme toi, je me suis séparé :
Mais Atride est soumis; son crime est réparé.
La patrie à son tour me demande vengeance.
Je ne balance plus ; je cours à sa défense.
Je vais parmi le fer, la flamme et les combats,
Chercher, en la servant, la gloire ou le trépas.

Illustre Briséïs, que l'honneur seul anime,
C'est à vous que j'en fais le serment magnanime!
Adieu!

ACHILLE.

Qui, toi! me fuir? tu l'aurais projeté?
Quitte un fatal dessein.

PATROCLE.

Le sort en est jeté.
Je ne te presse plus; je sais quelle est ta haine;
Je connais ta valeur, et quel serment l'enchaîne:
Mais moi, qu'un tel lien n'arrête point encor,
Pour rendre Achille aux Grecs, je vais combattre Hector.
Peut-être est-il resté sur la rive Troyenne
Quelque débris de gloire échappée à la tienne.
La carrière est ouverte, et m'invite à rentrer;
Patrocle à ton défaut la doit seul illustrer.
Le compagnon d'Achille en aura le courage;
Suivi de ce grand titre, et d'un si beau présage,
Mes cris vont rappeler aux bords du Simoïs
Nos guerriers trop long-tems dans l'opprobre assoupis.
Osons sur tous les noms célèbres dans l'histoire,
Osons sur le tien même élever ma mémoire!
Vous, qui montrez la gloire à mes yeux éblouis,
Vous, dont j'entends la voix, Dieux puissans, je vous suis!

SCENE VII.

ACHILLE, BRISÉIS.

ACHILLE.

Arrête!.... il fuit, madame, ah! c'est vous que j'implore,
Rappelez mon ami, s'il en est tems encore!
Sans Patrocle et sans vous je ne puis être heureux;
Mon destin désormais dépendra de vous deux.
Unissons nos efforts; courons à sa poursuite.

BRISÉIS.

Allons plutôt hâter sa généreuse fuite.

FIN DU TROISIEME ACTE.

ACTE IV.

SCENE PREMIERE.

PRIAM, BRISÈS.

BRISÈS.

Vous verrez Briséis.

PRIAM.

Qu'elle tarde à venir!
Je la verrai, dis-tu? qui peut la retenir?
Que fait Achille?

BRISÈS.

En proie au trouble qui le presse,
Il accuse les Dieux, son ami, sa tendresse;
Et ce cruel départ qu'il n'a pu retarder.
La seule Briséis ose encor l'aborder.
Elle étale à ses yeux le prix de la victoire;
L'imprudente lui montre Hector couvert de gloire;
Les Troyens, dans son camp tout prêts à l'outrager.
Ses Guerriers murmurant, et Patrocle en danger.
Je m'approche; et cachant le dessein qui m'amène:
« Rendez-vous, ai-je dit, vers la tente prochaine. »
Elle vient. Laissez-moi sonder ses sentimens.

PRIAM.

Va; prépare son cœur à ces grands changemens.

(*Priam sort.*)

SCENE II.

BRISÈS, BRISEIS.

BRISÈS.

O vous, à qui long-tems j'ai tenu lieu de père,
Approchez, Briséis! vous m'êtes toujours chère.
Objet infortuné de mes plus tendres soins,
Je puis donc en ce jour vous parler sans témoins.

Les Dieux changent le cours de votre destinée;
De grands évènemens marquent cette journée;
Sur vos projets présens comme sur l'avenir,
Ma fille! il me tardait de vous entretenir.

BRISÉIS.

Parmi les soins divers, le trouble, les alarmes,
La rupture et la paix, les traités et les armes,
Mon père! car ce nom toujours me sera doux,
Trop long-tems Briséis a gémi loin de vous.
Mes parens que jamais ne connut mon enfance,
Et dont seul dans mon cœur vous remplacez l'absence;
Mes parens, s'il en est que je dusse implorer,
Ignoraient mon malheur, ou voulaient l'ignorer.
Errante et sans soutien, captive et sans Patrie,
A mon premier vainqueur indignement ravie,
Passant des fers d'Achille en ceux d'Agamemnon,
Sans changer de destin, je changeai de prison.
Le Ciel en ce grand jour semble oublier sa haine,
Comme votre esclavage, il a brisé ma chaîne;
Il venge de nos fers l'affront injurieux;
Achille enfin m'épouse à la face des Dieux.
Ainsi, quittant bientôt les rives du Scamandre,
Aux bords Thessaliens nos vaisseaux vont descendre;
Je vais bientôt régner sur vingt peuples divers,
Et, fille de Thétis, franchir les vastes mers.
Seul, de tous les Troyens, ne craignez plus Achille;
Si Pergame est détruit, Larisse est votre asile.
Vivez pour voir finir vos malheurs et les miens,
Et présidez vous-même à de si beaux liens.
Vous gémissez, seigneur! et malgré tant de gloire...

BRISÈS.

Ces liens sont affreux; perdez-en la mémoire.
Rompez, rompez des nœuds que le crime a tissus.

BRISÉIS.

Qu'entends-je? je frémis!

BRISÈS.

Vous frémirez bien plus.
Cet hymen n'est qu'horreur, impiété, parjure.

BRISÉIS.

Qui peut-il offenser?

BRISÈS.

Les Dieux et la Nature.

Vous outragez enfin par ces nœuds criminels,
Les droits sacrés du sang, et tous ceux des mortels.

BRISÉIS.

Qui, moi? les droits du sang! eh! les puis-je connaître?
En serait-il pour moi? sais-je qui m'a fait naître?
Quoi! vous-même, Seigneur, ne me disiez-vous pas
Que, victime en naissant, dévouée au trépas,
Triste jouet de l'onde, et rebut du naufrage,
J'allais périr, sans vous, sur un rocher sauvage?
Sais-je enfin rien de plus des auteurs de mes jours,
Que leurs vœux pour ma mort trompés par vos secours?
Le sang n'a point de droits dont mon cœur ne s'offense
Je ne connais que ceux de la reconnaissance.
Croirais-je les trahir, quand, libre de mes fers,
Et vengeant nos affronts aux yeux de l'Univers,
Du plus grand des Héros épouse fortunée,
Je relève mon sort et votre destinée?
Quels Dieux par Briséis sont alors offensés?

BRISÈS.

Ces liens sont affreux, vous dis-je; frémissez!
Il est tems de lever le voile impénétrable
Qui couvrit de vos jours la source déplorable.
Victime du destin, jouet de ses rigueurs,
Hélas! vous ignorez vos plus cruels malheurs.
Ils avaient précédé l'instant qui vous vit naître.
Sans horreur aujourd'hui pourrez-vous les connaître?
Comment en soutenir le récit accablant?
Quels secrets! je frissonne en vous les révélant.
Même avant le berceau, proscrite, infortunée,
A trahir votre sang vous fûtes destinée.
Le premier de vos jours fut un jour de douleur;
Un Oracle cruel en consacra l'horreur.
D'un frère glorieux sœur et sujette impie,
Vous dûtes ou périr, ou menacer sa vie.
De la vôtre la Parque allait trancher le cours;
Vous fûtes exposée... et si, par mon secours,
Vous jouissez encore du Ciel qui nous éclaire;
Tremblez! il vous forma pour servir sa colère.
Instrument malheureux de ses desseins secrets,
Vous n'avez point trahi ses barbares arrêts.

Eh bien de ses rigueurs accomplissez le reste,
Allez justifier son oracle funeste.
Mais, que dis-je? quel coup n'avez-vous point porté?
Que manque-t-il encore à votre impiété,
Quand, poursuivant le cours de vos destins contraires,
Vous acceptez la main qui massacra vos frères!
Vous soupirez, des pleurs obscurcissent vos yeux!
Pleurez, fille des Rois!

BRISÉIS.

Où suis-je, justes Dieux!

BRISÈS.

Les tems sont arrivés. Commencez à connaître
Ces rois, ces demi-Dieux qui vous ont donné l'être.
O fille des Héros de l'antique Ilion!
Reste du sang de Tros et de Laomédon!
Rejeton malheureux d'une auguste famille!
Embrassez votre père!

SCENE III.

PRIAM, BRISÈS, BRISÉIS.

PRIAM.

O mon sang! ô ma fille!

BRISÉIS.

O mon père!... frappez!... frappez! qu'attendez-vous?...
Frappez la sœur d'Hector, tremblante à vos genoux.
Daignez rendre à la mort une triste victime.
Elle a trahi son sang; elle expiera son crime.

PRIAM.

O chère Hippodamie! épargne mes douleurs.
Perdons le souvenir de nos premiers malheurs.
Mon ame s'ouvre entière aux transports que j'éprouve:
Le Ciel est appaisé puisque je te retrouve.
Les Dieux daignent enfin suspendre mes regrets,
J'oublie en ce moment tous les maux qu'ils m'ont faits.
O triste sœur d'Hector! ô fille toujours chère!
Sais-tu combien de pleurs tu coûtas à ton père?
Je n'en verserai plus. Le Ciel finit leur cours,
Et tu vas rendre heureux ces derniers de mes jours.

BRISEIS,

Seule tu vas changer ma fortune cruelle,
Et calmer sa rigueur.... qui dût être éternelle!
Briséis! conçois-tu le juste étonnement,
Les plaisirs qui suivront ce grand évènement,
Quand aux premiers Troyens que m'offrira leur zèle,
Ma bouche annoncera cette heureuse nouvelle?
Peins-toi leur allégresse; et peins-toi, même encor,
Les transports de la Reine, et ceux de mon Hector.
Hâtons-nous, cher Brisès! allons porter dans Troie
La joie et les plaisirs où mon ame est en proie.
Suis-moi, ne tardons plus.

BRISÈS.

Seigneur! où courez-vous?
Quel trouble vous égare en des momens si doux?
Infortuné monarque, et plus malheureux père,
Vous retrouvez à peine une fille si chère;
A peine le destin la remet sous vos lois,
Et vous allez la perdre une seconde fois!
Déguisez, réprimez cet excès de tendresse.
Trompez également les Troyens et la Grèce.
Et d'Ulysse et des siens craignez les trahisons;
Surtout du fier Atride écartez les soupçons.
Eh! de quel prix alors racheter votre fille?
Quels efforts la rendraient aux pleurs de sa famille,
Si ce fatal secret qu'on ne peut trop céler,
Aux Grecs avant la nuit, allait se dévoiler.

PRIAM.

Les Dieux qui m'ont rendu cet objet de mes larmes,
Sans doute, cher Brisès! t'inspirent ces alarmes.
Ils ont parlé, ma fille! et leur ordre sacré
A votre oreille en vain ne s'est pas déclaré.
Renfermez ces secrets: et quand la nuit propice
Va couvrir et les Grecs, et les ruses d'Ulysse,
Nous vous ferons sans peine échapper de ces lieux,
Et rentrer dans les murs élevés par les Dieux.
Si ces Dieux bienfaisans, secondant notre audace,
A ma triste vieillesse accordent cette grace,
J'atteste leurs autels aux sermens consacrés,
De rendre Hélène aux Grecs, contr'elle conjurés.

Cessez

Cessez, guerre funeste, et d'une paix durable,
Resserrons à jamais le lien desirable.
Grèce, repreuds le bien que j'ai trop défendu,
Et rends-moi seulement celui que j'ai perdu!
Oui, je vais tout tenter pour enlever ma fille
Aux mains du meurtrier de toute ma famille.
Car je ne pense pas qu'un tigre furieux
Tout couvert de ton sang, puisse plaire à tes yeux
Non, ton cœur envers moi ne sera point perfide.
Jure donc de quitter ce Vainqueur homicide,
De rejeter ses feux, de détester son nom,
De lui taire le tien, de revoir Ilion.
Parle. Le promets-tu, ma chère Hippodamie?

BRISÉIS.

Seigneur!... je promets tout; disposez de ma vie!

BRISÈS.

Achille va venir; il faut vous séparer.

PRIAM.

Adieu! songe aux sermens que tu viens de jurer.

BRISÉIS.

Vous me quittez! mon père!

SCENE IV.

BRISÉIS, *seule.*

Hélas! tout m'abandonne.
Que vais-je devenir? quelle horreur m'environne!
Qui suis-je? qu'ai-je appris? quelle affreuse clarté!
Grands Dieux! replongez-moi dans mon obscurité....
Ou de mon ame au moins bannissez la mémoire
Des instans plus heureux, et marqués par la gloire,
Où le fils de Thétis au bord Thessalien,
Dût pour jamais unir et son sort et le mien..
Hélas! de quel espoir mon ame possédée
Formait de cet Hymen la douce et frêle idée!
Ne reviendrez-vous plus pour calmer ma douleur,
Tems heureux, où du moins j'ignorais mon malheur!
Mais où t'égares-tu, sœur et fille parjure?
Tous les vœux que tu fais outragent la Nature.
Mon trouble et ma terreur croissent à chaque pas.
Que vois-je? Achille armé! que lui dirai-je, hélas!

SCENE V.

BRISÉIS, ACHILLE.

ACHILLE, *en habit de combat.*

Madame, triomphez du pouvoir de vos charmes;
Ils ont contraint Achille à reprendre les armes.
Ce fer du sang Troyen va se rougir encor;
Adraste par mon ordre, est allé vers Hector.
Dans la plaine avec lui je vais bientôt descendre;
Dans une heure il m'attend aux rives du Scamandre.
Nos traités sont rompus, je les ai violés;
Il faut combattre Hector, puisque vous le voulez.
Pardonnez si tantôt je tardais à vous croire.
La résistance même ajoute à votre gloire.
Je vais... mais quel ennui vous trouble en ce moment?
Quel triste adieu, Madame, emporte votre amant?
Eh! quoi? vos yeux sur moi ne se tournent qu'à peine!
Au nom de cet hymen dont l'attente est prochaine,
Au nom de cet espoir dont j'aime à me remplir,
Qu'un regard....

BRISÉIS.

Cet hymen est loin de s'accomplir,
Seigneur!

ACHILLE.

Que dites-vous?

BRISÉIS.

L'injuste destinée
Des plus cruels revers marqua cette journée.
Mon malheur me condamne à d'éternels ennuis.

ACHILLE.

Qu'entends-je?

BRISÉIS.

Jour funeste!

ACHILLE.

Achevez.

BRISEIS.

Je ne puis.

ACHILLE.

J'entends; j'ai mérité votre juste colère;
Je devais n'aspirer, ne songer qu'à vous plaire,
J'ai dû, mettant ma gloire et ma haine à vos pieds,
Verser soudain le sang que vous me demandiez;
Il fallait à l'instant combler votre espérance.
Eh bien! je vais, je cours réparer cette offense.
Adieu!

BRISÉIS.

C'en est donc fait.... quoi? Seigneur, vous partez?

ACHILLE.

Vous le voulez, madame, et j'y vole...

BRISÉIS.

Arrêtez,
Ah! Seigneur, épargnez mes mortelles alarmes.

ACHILLE.

Achille va combattre, et vous versez des larmes!
Ah! bientôt à vos yeux cet Achille vainqueur,
Couvert du sang d'Hector...

BRISÉIS.

Vous me percez le cœur!

ACHILLE.

Veillé-je? n'est-ce point un songe qui m'abuse?
O Ciel! est-ce bien moi que votre bouche accuse,
Moi qui, pour satisfaire à votre volonté,
Ai brisé des sermens le lien redouté?
De quel crime envers vous soupçonnez-vous mon ame?

BRISÉIS.

Que ne puis-je parler!

ACHILLE.

Hector m'attend, madame.

BRISÉIS.

Seigneur... hélas! du moins, différez un moment.

ACHILLE.

Que penserait Hector de mon retardement?
J'ai déjà trop long-tems différé pour ma gloire.
Cependant vous voulez... grands Dieux! puis-je le croire?
Briséis! savez-vous ce que vous proposez?

BRISÉIS.

Ah! je sais que je meurs, si vous me refusez.
Périssent les combats qu'à jamais je déteste!
Apprenez qu'en ce jour un oracle funeste,
Un oracle pour moi plus cruel que la mort,
M'a rendu mes parens, m'a révélé mon sort.
Mais un ordre sacré qu'il faut que je révère,
Me force à tous les yeux d'en voiler le mystère.
Seigneur! qu'il vous suffise aujourd'hui de savoir
Que chérir cet Hector est mon premier devoir;
Que pour sa vie enfin je donnerais la mienne,
Que mon sang est à lui, que je naquis Troyenne.

ACHILLE.

Vous, Troyenne! et c'est vous qui vouliez son trépas!
Contre Hector aujourd'hui vous seule armez mon bras.

BRISÉIS.

Puissé-je chez les morts descendre la première!
Tournez, tournez sur moi cette arme meurtrière.
Qu'elle épuise mon sang comme elle a commencé....
Ce n'est pas d'aujourd'hui que vous l'aurez versé!
Mes frères généreux, dont Troie arma le zèle
Ont péri sous vos coups en combattant pour elle.
Briséis plus long-tems ne saurait les trahir....
Elle a même promis, Seigneur, de vous haïr;
Mais dussé-je paraître offenser la Nature,
Dût une mort soudaine expier mon parjure,
C'est le seul des sermens que je veux violer;
Et c'est ce qu'en tremblant j'ose vous révéler.
A ma prière, hélas! serez-vous inflexible?
Votre cœur à ma voix sera-t-il insensible?
Songez qu'Achille un jour dût être mon époux.
Vous ne répondez rien!... Je tombe à vos genoux!
Je veux les arroser, les baigner de mes larmes.
Et si mon désespoir a pour vous quelques charmes,
S'il faut, cruel! enfin, que vous me refusiez,
Cet instant va me voir expirer à vos pieds.

ACHILLE.

(A part.)
Grands Dieux! souffrirez-vous que ma gloire trahie....
(A Briséis.)
Ah! que demandez-vous?

BRISÉIS.

Je demande la vie.
Que vois-je? dans vos yeux un doux espoir me luit.
Mais soudain, quel nuage.. ah! tout mon bonheur fuit.

ACHILLE.

Briséis! il faut donc.... O Ciel! que dois-je faire?

BRISÉIS.

Eh bien! c'est trop cacher un funeste mystère.
Apprenez des secrets trop long-tems inconnus....

SCENE VI.

ACHILLE, BRISÉIS, ULYSSE.

ULYSSE.

Achille! Hector triomphe; et Patrocle n'est plus.

ACHILLE.

Dieux!

BRISÉIS.

Qu'entends-je?

ULYSSE, *à Achille*

La mort a fermé sa paupière;
La Gloire a terminé sa brillante carriere.
A peine ce Héros avait quitté ces lieux,
Hector s'avance à lui la fureur dans les yeux.
Hector croit voir Achille; et d'un ton de menace,
» Viens, dit-il, recevoir le prix de ton audace. «
Patrocle ne répond que par un trait lancé,
Qui dans l'air... Mais lui-même il tombe terrassé;
Et par le fier Hector immolé sans défense,
Il s'écriait : Achille! et demandait vengeance.
Il l'obtiendra : sans doute : et je cours de ce pas
Exciter tous les Grecs à venger son trépas.

SCENE VII.

ACHILLE, BRISEIS.

ACHILLE.

Il n'est plus! ô Destin! ô Fortune ennemie!
Mais je verse des pleurs; et Patrocle est sans vie!
Etendu sur l'arêne, il attend un vengeur.
Ami! je le serai; j'en jure ma fureur.
Je dois une victime en tribut à ta cendre;
Tu demandes son sang, et je vais le répandre.

BRISÉIS.

Ah! plutôt, qu'en mon sein votre fer soit plongé.
Vous ne m'écoutez plus!

ACHILLE.

Patrocle, sois vengé!

FIN DU QUATRIEME ACTE.

ACTE V.

SCENE PREMIERE.

PRIAM, BRISÉIS.

PRIAM.

Est-ce toi, Briséis? viens rassurer ton père.
Qu'en ces cruels momens ta présence m'est chère!
Aux portes de ce camp, des soldats furieux
Ont présenté leurs dards et la mort à mes yeux.

Qui leur fait violer tous les droits qu'on révère ?
Suis-je libre ou captif ? que faut-il que j'espère ?
Tout en ces lieux conspire à me remplir d'effroi.
Achille des sermens trahirait-il la foi ?
On dit qu'il s'est couvert de ces fatales armes,
Qui cent fois dans nos rangs ont semé les alarmes.
Par ton silence, hélas ! ce bruit trop confirmé...

BRISEIS.

Il est trop vrai, seigneur ; Achille s'est armé.

PRIAM.

Dieux cruels ! ôtez-moi ce reste de lumière :
Précipitez le cours de ma triste carrière.
Pourquoi me réserver à de nouveaux malheurs ?
O Sort ! n'avais-je point épuisé tes rigueurs ?
Ainsi, de nos traités Achille rompt la chaîne !
Les Dieux de ce cruel ont ranimé la haine !
Ah ! ma fille ! tes yeux ont su toucher son cœur ;
C'est à toi de fléchir sa barbare fureur.
Fais-lui voir à ses pieds sa captive tremblante ;
Emprunte l'éloquence et les pleurs d'une amante ;
Implore pour un frère un vainqueur généreux.
Je ne te parle plus de détester ses feux.
Sauve Hector et tes murs de sa rage funeste,
De ton sang malheureux conserve ce qui reste.
Oublions le passé, ma haine s'y résout ;
Qu'Hector vive ; à ce prix je veux pardonner tout.
Tu ne me réponds point, je te vois interdite.
Parle, qui peut causer le trouble qui t'agite ?
Instruis-moi, je le veux.

BRISEIS (*à part.*)

Que lui dire ?... (*haut.*) Ah ! tremblez !

PRIAM.

N'importe. Apprends-moi tout.

BRISEIS.

Nos malheurs sont comblés.

PRIAM.

Que dis-tu ? Satisfais ma triste inquiétude.
De quels nouveaux revers ?...

BRISEIS.

Apprenez le plus rude :
Patrocle est mort, seigneur, l'oracle est accompli ;
Achille va combattre ; et mon sort est rempli.

PRIAM.

Ah ! c'est trop en un jour essuyer de disgraces.
Non ; je n'attendrai plus l'effet de vos menaces,
Présages effrayans d'un sinistre avenir,
Par une prompte mort il faut vous prévenir.

BRISEIS.

C'est moi qui de vos maux ai rempli la mesure.
Punisez votre fille et vengez la nature.
De l'antique Ilion et la gloire et l'appui,
Le magnanime Hector va périr aujourd'hui.
Votre fils va périr; et sa sœur criminelle,
Indigne rejeton d'une tige si belle,
Des plus affreux destins accomplissant le cours,
A suscité le bras qui va trancher ses jours.
Qu'attendez-vous ? frappez !

PRIAM.

Va, tu m'es toujours chère.

BRISEIS.

Hector est votre fils.

PRIAM.

Ne suis-je pas ton père ?
Cesse de déchirer tous mes sens attendris.
Hector et Briséis me sont d'un même prix.
J'excuse tes erreurs, ton remords les efface.
N'accusons que le Ciel du coup qui nous menace.

BRISEIS.

Dieux! que n'ai-je prévu ma honte et mes regrets!
Mais il fallait remplir vos injustes décrets....
Non. De cette rigueur le Ciel n'est point capable.
Que dis-je, à mes desirs il se rend favorable.
Je ne m'abuse point; vous m'inspirez, grands Dieux!
Vous remplissez mon cœur, vous éclairez mes yeux!
C'est vous qui m'appelez aux rives du Scamandre,
Aux lieux où tant de sang est près de se répandre.
J'y cours; et par mes cris, mes sanglots et mes pleurs,
Je vais de ces cruels suspendre les fureurs.
Leurs cœurs ne seront point fermés à ma prière.
Des mains de mon amant je sauverai mon frère.
Retenus en secret par de tendres liens,
Leurs homicides bras rencontreront les miens....
Ou s'ils m'osent braver, leur barbare furie
Ne pourra s'assouvir qu'en m'arrachant la vie.

(*Elle sort.*)

SCENE II.

PRIAM, *seul.*

Ma fille !... elle me fuit. O crainte ! ô faible espoir !
Qui m'apprendra les maux que je n'ose prévoir ?
Hélas ! tout m'abandonne au trouble qui me presse ?
Un noir pressentiment alarme ma tendresse.

Ce présage cruel que je ne puis bannir,
Egare mes esprits dans un triste avenir.
Briséïs ! cher Hector ! malheureuse famille !
Que deviendra mon fils ? reverrai-je ma fille ?

SCENE III.

PRIAM, BRISEIS.

PRIAM.

Mais j'apperçois Brisès. En est-ce fait de moi ?...

BRISÈS.

Vivez, seigneur; et calmez votre effroi ;
Tous les Dieux à la fois protègent votre Empire.

PRIAM.

O Ciel ! qu'entends-je ? achève ; Hector ?

BRISÈS.

Hector respire.

PRIAM.

Les Dieux me le rendraient !

BRISÈS.

Achille furieux
Courait à la vengeance au sortir de ces lieux.
Les éclairs sont moins prompts, la foudre est moins soudaine.
Déjà de la Troade il a vu fuir la plaine.
Il se présente aux bords à jamais révérés,
Où le Xanthe immortel roule ses flots sacrés.
Hector au même instant paraît sur l'autre rive.
Achille, en frémissant, voit sa rage captive ;
Et redoublant sa haine à l'aspect du Héros,
Terrible et tout armé, se plonge dans les flots.
De cette audace altière Hector même s'étonne.
Achille disparaît ; l'onde écume et bouillonne.
Bientôt il se remontre, et paraît à nos yeux
Tels qu'on peint les Titans armés contre les Dieux.
Tous ces Dieux conjurés pour venger leur rivage,
D'accord avec les flots combattaient son passage.
Achille loin de lui par l'orage entraîné,
Repousse, mais en vain, le torrent mutiné.
Un choc nouveau le presse; il chancelle, il succombe;
Il rappelle sa force, il résiste, il retombe.
Il voit encore briser ses efforts superflus;
Un bruit même s'élève : « Achille ne vit plus ! »
Mais tandis qu'à l'envi les défenseurs de Troie
Se livrent aux transports d'une indiscrète joie;

O surprise ! ô prodige ! Achille audacieux
Surmonte la tempête, et le fleuve et les Dieux.
Ce n'est plus un mortel échappé du naufrage,
C'est Achille vainqueur qui s'élance au rivage.

PRIAM.

Ciel ! et mon fils ?

BRISÈS.

Hector, en ce moment fatal,
Avec moins de fureur, montre un courage égal.
L'un par l'autre excités, ces rivaux intrépides
Mesurent fièrement leurs glaives homicides.
Une même valeur semble guider leurs bras.
Tous deux cherchent la gloire, et courent au trépas.
La Victoire hésitait ; la Déesse inhumaine
Allait enfin pencher sa balance incertaine ;
Mais un Dieu plus propice en ordonne autrement,
Et le sort qui fait tout change l'évènement.
Un trait part de nos rangs. Son atteinte émoussée
Par le casque d'Achille est au loin repoussée.
Les airs sont aussitôt couverts de mille dards.
Les Grecs sur les Troyens fondent de toutes parts.
Jamais Mars dans les cœurs ne mit plus de furie ;
Mes yeux ont vu combattre, et l'Europe et l'Asie.
Neptune arme pour Troie, et Junon pour Argos,
Tout ce que la nature a produit de héros.
La fuite à la terreur ne permet plus d'asile ;
Tout Troyen est Hector, et tout Grec est Achille.
Achille et son rival dans la foule perdus,
S'appellent à grands cris, et ne se trouvent plus.
Sans doute un Dieu plus fort les trouble et les égare.
Mars veut les réunir, Jupiter les sépare.
Jupiter ne veut pas que la Parque en courroux
Etende sur Hector ses homicides coups.

PRIAM.

N'en doutons point, Brisès ; un Dieu prend sa défense.
Je reverrai mon fils ; j'en reprends l'espérance.
O Brisès de Priam conçois-tu les transports ?
Le sort du fier Achille a trompé les efforts.
Va, cours vers Briséis. Peins-lui mon allégresse.

(*Brisès sort.*)

SCENE IV.

PRIAM, *seul.*

Oui, les Dieux ont voulu consoler ma vieillesse.
Mon bonheur désormais... Dieu ! qu'est-ce que je voi !
Où suis-je ? ô Ciel ! Achille !... ô foudre ! écrase-moi !

SCENE V.

PRIAM, ACHILLE.

PRIAM.

Barbare ! d'où viens-tu, tout fumant de carnage ?
Qu'as-tu fait de mon fils ?

ACHILLE.

Ce qu'en a fait ma rage !
Père du meurtrier du héros que j'aimais !
Si ma main a puni ses barbares forfaits ?
Quels secours l'auraient pu soustraire à ma vengeance ?
Pensais-tu que cent bras armés pour sa défense,
Et les flots mutinés et tous les Dieux unis,
De ma juste fureur pussent sauver ton fils !
Le Xanthe a vainement arrêté mon courage ;
Au travers de ses flots je me suis fait passage.
Hector m'a bientôt vu revoler sur ses pas.
Ce fer l'a détrompé du bruit de mon trépas.
J'ai terrassé ton fils. Mon bras, de sang avide,
S'est mille fois baigné dans celui du perfide.
Enfin las de rouvrir et d'épuiser son flanc,
Autour de ses remparts je l'ai traîné mourant;
Et pour mieux insulter au défenseur de Troie,
Des vautours dévorans je l'ai laissé la proie (1).
Pour venger mon ami, dont le sang fume encor,
Voilà ce que j'ai fait du malheureux Hector
Que ne puis-je, Patrocle, au gré de mon attente,
Immoler Troie entière à ton ombre sanglante !

PRIAM.

Toi ? le sang de Pélée, ou celui de Thétis ?
Opprobre des Héros ! non, tu n'es point leur fils.
Le flambeau de la rage éclaira ta naissance ;
La haine te reçut des mains de la vengeance.
Les flancs de l'Hydre affreuse, ou le Styx en fureur,
Te vomirent au jour pour en être l'horreur.
O monstre ! as-tu bien pu d'un récit sanguinaire
Oser souiller ainsi les oreilles d'un père ?
Me peindre mon Hector sous ton glaive expirant,
Et t'offrir à mes yeux tout couvert de son sang !
Triomphe de mes pleurs, infernale Furie !
O mort ! viens m'enlever de sa présence impie ;
Délivre mes regards d'un aspect odieux.

ACHILLE.

Ah ! c'est trop retenir mes transports furieux,
Et ma rage...

(1) Iliad. l. X.

SCENE VI.

PRIAM, ACHILLE, BRISÈS.

BRISÈS.

Où t'emporte un aveugle colère ?
Amant de Briséïs ! épargne au moins son père.

ACHILLE.

Qu'entends-je ? lui, son père ! ô coup affreux du sort !

BRISÈS.

Barbare, viens la voir expirer près d'Hector.

PRIAM.

Ma fille ?

ACHILLE.

O désespoir ! Hector était son frère !
Le voilà donc connu, ce funeste mystère.
Tonnez sur moi, grands Dieux !

PRIAM.

Ma fille expire ; ô Ciel !
J'ai perdu Briséïs !... eh bien ! tigre cruel !
Ta vengeance implacable est-elle satisfaite ?
Non, puisque je respire, elle reste imparfaite ;
Il manque une victime à ton inimitié...
Tu frémis ; est-ce à toi de sentir la pitié ?
Epuise, épuise un sang où ta main s'est plongée.

ACHILLE.

Poursuis ; venge sur moi la nature outragée.
Venge Hector par sa sœur, et ton cœur par le mien.
Accrois mon désespoir par l'image du tien.
J'ai fait couler tes pleurs ; j'en verse davantage.
C'est sur moi qu'ont porté tous les traits de ma rage.
Briséïs.

PRIAM.

Aux remords ton cœur semble s'ouvrir !
Quels sont donc mes malheurs, s'ils ont pu t'attendrir !

BRISÈS, *à Priam.*

Seigneur, puisque les Dieux ont fléchi sa colère.
Briséïs dans son cœur doit parler pour un frère.
Aux honneurs du bûcher votre fils attendu,
Aux larmes des Troyens n'est point encor rendu.
Songez, songez qu'Hector, privé de funérailles,
Reste en proie aux vautours au pied de ses murailles ;
Souffrirez-vous qu'un fils ?...

PRIAM.

Tu déchires mon cœur !

BRISÈS.

Joignez vos pleurs aux miens pour toucher son vainqueur.

Achille ! à la pitié laisse attendrir ton ame.
Ce n'est plus cet Hector portant partout la flamme,
Ce n'est plus ce Guerrier, ce fils victorieux,
Que suivaient aux combats la terreur et les Dieux ;
Ce n'est plus ce héros, l'appui de Troie entière..
C'est Hector au tombeau, que te demande un père.

PRIAM

O nature ! je cède à ton pouvoir sacré.
Achille ! écoute un père au désespoir livré.
J'ai perdu par toi seul, par ce fer que j'abhorre,
Ce fils que ma douleur te redemande encore.
Ta main, ta main barbare a comblé mes malheurs :
Elle est teinte du sang qui fait couler mes pleurs !
La nature en mon ame a gravé cet outrage ;
Elle excitait un père à défier ta rage :
Ce même amour, Achille, est encor le plus fort.
Reconnais son empire à ce cruel effort :
J'embrasse tes genoux ! que cette main funeste,
De mon fils qui n'est plus, me rende au moins le reste.
Permets-nous de porter ces gages précieux
Au tombeau qu'à sa cendre ont laissé ses aïeux.
Une noble pitié n'est point une faiblesse ;
Accorde cette grace à ma triste vieillesse.

ACHILLE.

Va, père infortuné ! ne crains plus mon courroux.
J'ai fait tous tes malheurs, et je les ressens tous.
Porte dans Ilion, va rendre à ta famille
Les cendres de ton fils, et celles de ta fille.
Qu'en un même tombeau la mort tienne enfermé
Tout ce qui te fut cher, et tout ce que j'aimai.
Revois tes murs encor.

PRIAM.

Triste et funeste joie !

ACHILLE.

Allons chercher la mort, qui m'attend devant Troie.

FIN.

www.ingramcontent.com/pod-product-compliance
Lightning Source LLC
LaVergne TN
LVHW020627110826
845149LV00004B/1070
* 9 7 8 2 0 1 9 2 1 2 4 0 7 *